あんこ と 米粉 のおやつ

今井ようこ

文化出版局

CONTENTS

04 あんこが好きです。

あんこを作ろう

06 あずきあん
08 白あん
09 レンズ豆あん

column
10 体にやさしい材料を使います
50 あんこ作りに、こんな甘みも使えます
66 ヴィーガンクリームとあんこ、
　　よく合います

1 あずきあんのお菓子

12 あんスコーンサンド
14 あん入りマドレーヌ
16 バナナとあんこのクレープ
18 あんこのパウンドケーキ
20 あんこクリームのショートケーキ
22 あんこのエンガディナー風
24 あんこの蒸しケーキ
26 あんドーナツ
28 あんバタートースト
30 あんこサンド
31 あんころ餅
32 三色おはぎ
34 どら焼き
36 串団子
38 いきなり団子
40 八つ橋
42 白玉揚げ団子
44 あんこ寒 抹茶ソース
46 あんこといちごのかき氷
47 あずきバー
48 甘酒ドリンク
49 あんこと酒粕のお汁粉

3 レンズ豆あんのお菓子

68 レンズ豆あんのマフィン
70 レンズ豆あんのクッキー
72 ふんわり半月焼き
74 黒ごまプリン あんこのせ
76 レンズ豆あんの豆花
78 アジア風お汁粉

2 白あんのお菓子

52 白あんといちごの型なしタルト
54 白あんとココアのクランブルケーキ
56 あんず入り大福
58 きんつば
60 葛まんじゅう
62 フルーツあんみつ
64 白あんのチェー

＊計量単位は1カップ＝200mℓ、大さじ1＝15mℓ、
　小さじ1＝5mℓです。
＊オーブンは電気オーブンでもガスオーブンでも
　本書の温度と時間で焼いてください。
　ただし、温度と焼き時間は目安です。
　熱源や機種によって多少差があるので、
　様子をみながら加減してください。

手作りのあんこはおいしい！
あずきあん。白あん。レンズ豆あん。
まずはそのまま食べてみる。

あんこが好きです。

下町で育ったせいか、近所にはケーキ屋さんより和菓子屋さんが多くありました。
そのせいか、おやつはあんこのお菓子が多かった気がします。
たい焼き、今川焼き、あんこ玉、人形焼きなど、子どもの頃からあんこのお菓子がいつも身近にありました。

あんこにする豆は、良質な栄養素が豊富で、腸内環境も整え、ひいては健康な体に欠かせない要素をたくさん含んでいます。
特にあずきは、抗酸化力、ポリフェノールや食物繊維、ビタミン類など、
女性にうれしい栄養効能があるので、積極的に食べたい食材のひとつ。
そんなあずきを筆頭に、さらに栄養素が豊富な白いんげん豆、近年買い求めやすくなったレンズ豆を甘く煮れば、あんこ。
3種類のあんこを使ったお菓子をこの本では紹介します。

そして、あんこに欠かせないのが砂糖、甘味料などの甘みです。
あんこですから、それなりに甘くないとおいしくありません。ですが、市販のものは私には少し甘すぎて飽きてしまいます。
近年では砂糖はあまりいいイメージを持たれていませんが、それは質によると思います。
もともと砂糖は薬の役目や保存性をよくする贅沢品でした。
質のよいものを選び、使う量に気をつければ、心も体も癒されるものだと思っています。
この本では、基本はてんさい糖を使用していますが、今はさまざまな砂糖や甘味料が入手できるので、
この本の50ページで紹介している甘みを使ったり、好きにブレンドして使うのもおすすめです。
私も個人的にはてんさい糖半分、米飴やメープルシロップを半分ブレンドするのが好きです。
甘みはブレンドすると味わいも深みが増しますよ。

自分好みの甘さに調整できるのが手作りあんこのよいところ。
ぜひ、豆を煮てあんこを作り、自分好みのお菓子を作ってみてください。

今井ようこ

あんこを作ろう

手作りのあんこは好みの甘さにできて、豆の味がしっかり味わえるのが魅力。この本では、豆1カップで手軽に作れる、基本のレシピを紹介。まずは定番のあずきあん、次に白あん、レンズ豆あんにもチャレンジ。

あずきあん

材料（作りやすい分量）
あずき … 1カップ（約200g強）
てんさい糖 … 大さじ8〜10
塩 … ひとつまみ

＊あずきは吸水させずに煮るレシピもありますが、一晩水につけてから煮ると、ふっくらと煮上がります。
＊ゆでこぼし（渋切り）をしなくても、おいしく仕上がります。

圧力鍋で作るときは……
あずきを洗って水とともに圧力鍋に入れ、ふたをしないで強火にかける。沸騰したらふたをし、シューといったら（圧がかかったら）弱火にして25分加熱する。火を止めて圧が抜けるまでおき、ふたを取り、あずきの頭が出るくらいまで煮つめる。あとは作り方 **5〜8** と同じ。

1.
あずきはさっと洗ってボウルに入れ、たっぷりの水（分量外）を注ぎ入れて一晩おく。夏なら冷蔵庫で、涼しい季節なら室温で。

2.
あずきをザルに上げて鍋に移し、水3カップ（分量外）を入れて中火にかける。

3.
沸騰したらアクを取り、ふたをして、あずきがやわらかくなるまで弱火で1時間ほど煮る。

4.
途中、あずきがゆで汁から出ないように差し水をする。食べてみて、やわらかくなったらふたを取り、あずきの頭が出るくらいまで煮つめる。

5.
てんさい糖を加えて中火にし、やさしくかき混ぜながら煮る。味をみて甘さを調節するとよい。

6.
全体的にとろっとし、木べらで鍋底をかいて底が見えるようになるくらいまで煮る。

7.
最後に塩を加えて混ぜ、火を止める。

8.
バットに入れ、ラップをぴったりつけて冷ます。すぐに食べない分は保存容器に入れて冷蔵庫へ。10日ほどおいしく食べられる。

デーツあんこもおすすめ

あずきあんの作り方5で、てんさい糖の代わりに刻んだデーツ150〜200gを入れて煮つめる。デーツのもつ甘さを生かすので砂糖いらず。
＊この本では、あんこのエンガディナー風(p.22)に使っています。

白あん

材料（作りやすい分量）
白いんげん豆 … 1カップ（約200ｇ強）
てんさい糖 … 大さじ8〜10
塩 … ひとつまみ

1.
白いんげん豆はさっと洗ってボウルに入れ、たっぷりの水（分量外）を注ぎ入れて一晩おく。夏なら冷蔵庫で、涼しい季節なら室温で。

2.
白いんげん豆をザルに上げて鍋に移し、水3カップ（分量外）を入れて中火にかける。沸騰したらアクを取り、ふたをして、差し水をしながらやわらかくなるまで弱火で1時間ほど煮る。

3.
ふたを取り、白いんげん豆の頭が出るくらいまで煮つめる。てんさい糖を入れて中火にし、やさしく混ぜながらとろっとするまで煮る。塩を加えて混ぜ、火を止める。

4.
バットに入れ、ラップをぴったりつけて冷ます。すぐに食べない分は保存容器に入れて冷蔵庫へ。10日ほどおいしく食べられる。

レンズ豆あん

材料 (作りやすい分量)
レンズ豆（皮つき）… 1カップ（約180ｇ）
てんさい糖 … 大さじ8〜10
塩 … ひとつまみ

1.
レンズ豆はさっと洗い、水4カップ（分量外）とともに鍋に入れる。中火にかけ、沸騰したらアクを取り、ふたをして弱火で20〜30分煮る。

2.
レンズ豆がやわらかくなったらてんさい糖を入れ、やさしく混ぜながら煮る。味をみて甘さを調節するとよい。

3.
とろっとして、木べらで鍋底をかいて底が見えるようになるくらいまで煮つめる。塩を加えて混ぜて、火を止める。

4.
バットに入れ、ラップをぴったりつけて冷ます。すぐに食べない分は保存容器に入れて冷蔵庫へ。10日ほどおいしく食べられる。

Column 体にやさしい材料を使います

この本で紹介するあんこのお菓子は、私のお菓子作りのベースになっているヴィーガン仕様のもの。
バター、牛乳、生クリームといった乳製品、卵、白砂糖を使わず、
植物性の材料だけで作ります。体にやさしいものばかりです。

粉

米粉は小麦アレルギーの人でも安心して食べることができ、米がもつ自然な甘みと味わいが魅力。白玉粉はもち米から作られたもので、和菓子作りに使います。

豆乳

牛乳の代わりに使うのが大豆が原料の豆乳。成分無調整のものを使います。飲みやすい味に調えた調製豆乳や甘みや副原料で味つけした豆乳飲料はNGです。

油

基本的にはクセがなくてあっさりとしている米油を使いますが、バターのようなコクのある仕上がりにしたいときはココナッツオイル（無香タイプ）を使います。

甘み

基本的にはまろやかな甘さのてんさい糖（粉末）を使いますが、コクや風味を出したいときは100％天然由来のメープルシロップを使います。

1

あずきあんのお菓子

あずきあんをストレートに味わうなら
スコーンにはさんだり、クレープで巻いたり。
はたまた、生地に混ぜてパウンドケーキを焼いたり。
あずきあんの新しい楽しみ方が目白押し。
もちろん定番の和のおやつもたっぷりと紹介します。

あずきあん

あんスコーンサンド

サクッとした食感のスコーンに、あずきあんと
豆腐で作ったヴィーガンクリームを好きなだけサンドします。

材料（6個分）

A　米粉 … 150g
　　アーモンドパウダー … 30g
　　片栗粉 … 30g
　　てんさい糖 … 20g
　　ベーキングパウダー … 小さじ1
　　塩 … ひとつまみ
ココナッツオイル … 大さじ4
豆乳ヨーグルト … 大さじ6
あずきあん（p.6参照）… 適量
ヴィーガンクリーム（p.66参照）… 適量

下準備
・オーブンは170℃に予熱する。

1. ボウルにAを入れてゴムべらで均一に混ぜ、ココナッツオイルを加えて切るように混ぜる（a）。
2. オイルのかたまりがなくなってきたら豆乳ヨーグルトを少し残して加え（b）、手で混ぜてだれない程度のかたさにまとめる（c）。まとまりづらかったら残しておいた豆乳ヨーグルトを足す。
3. 2を6等分にしてオーブンシートを敷いた天板にのせ、丸く軽くまとめ（d）、170℃のオーブンで20分ほど焼く。
4. スコーンの粗熱が取れたら、横半分に割って、あんこ、ヴィーガンクリームの順にはさむ。

あん入りマドレーヌ

ひと口頬張ると、中にはあずきあんがたっぷり。
焼き上がりにぬったメープルシロップの香りがアクセントです。

材料（7.5×5cmのマドレーヌ型6個分）

A | 米粉 … 40g
　| アーモンドパウダー … 25g
　| 片栗粉 … 15g
　| てんさい糖 … 20g
　| ベーキングパウダー … 小さじ¼
　| 塩 … ひとつまみ

B | 米油 … 大さじ2
　| メープルシロップ … 大さじ1½
　| 豆乳（成分無調整）… 大さじ2

あずきあん（p.6参照）… 小さじ6
メープルシロップ … 適量

下準備
・マドレーヌ型に米油（分量外）を薄くぬる。
・オーブンは185℃に予熱する。

1. ボウルにAを入れてゴムべらで均一に混ぜる。
2. 別のボウルにBを入れて泡立て器でよく混ぜ、1に加えてゴムべらでよく混ぜ合わせる(**a**)。
3. 2の生地を型の半分程度まで入れ、あんこを小さじ1ずつのせ(**b**)、残りの生地を均一にのせる(**c**)。
4. 天板にのせ、185℃のオーブンで12〜13分焼く。
5. すぐに型からはずし、オーブンシートを敷いたケーキクーラーにのせ、鍋で温めたメープルシロップを刷毛で両面にぬる(**d**)。

あずきあん

バナナとあんこのクレープ

バナナ、あずきあん、ヴィーガンクリームの組み合わせが絶妙。
米粉と豆乳を使ったあっさりとしたクレープで包みます。

材料（4枚分）

A ｜ 米粉 … 50g
　｜ 片栗粉 … 10g
　｜ てんさい糖 … 大さじ1
豆乳（成分無調整）… 120mℓ
米油 … 少々
あずきあん (p.6参照) … 適量
ヴィーガンクリーム (p.66参照) … 適量
バナナ … 2本
てんさい糖 … 適量

1. ボウルにAを入れて泡立て器で均一に混ぜ、豆乳を少しずつ加えて混ぜる。
2. フライパンをよく熱して米油をなじませ、一度フライパンを火から下ろして温度を下げ、**1**の¼量を流し入れる。強めの弱火で焼き、縁がはがれてきて全体が乾いたら裏返し(**a**)、20～30秒焼く。同様にしてあと3枚焼く。焼いたものは乾かないように、ぬれ布巾やラップをかけておく。
3. バナナは1cm厚さの輪切りにする。
4. クレープにヴィーガンクリームをぬり(**b**)、バナナ、あんこの順にのせ、手前からくるくると包む(**c**)。
5. 器に盛り、てんさい糖を茶こしでふる。

あんこのパウンドケーキ

ヘーゼルナッツがほんのり香るパウンド生地に
あずきあんを混ぜて焼き上げます。ほどよい甘さが人気です。

材料（15×7.5×高さ6cmのパウンド型1台分）

A
- 米粉 … 100g
- ヘーゼルナッツパウダー＊ … 30g
- 片栗粉 … 30g
- てんさい糖 … 30g
- ベーキングパウダー … 小さじ1½
- 重曹 … 小さじ¼
- 塩 … ひとつまみ

B
- 豆乳（成分無調整）… 120ml
- 米油 … 大さじ4

あずきあん（p.6参照）… 150g
ヘーゼルナッツ（粗く刻んだもの）… 適量

＊ヘーゼルナッツを皮ごとパウダーにしたもの。アーモンドパウダーのヘーゼルナッツ版。製菓材料店やネットなどで購入可。

下準備
・型にオーブンシートを敷き込む。
・オーブンは170℃に予熱する。

1. ボウルに**A**を入れ（**a**）、ゴムべらで均一に混ぜる。
2. 別のボウルに**B**を入れて泡立て器で混ぜ、あんこを加え（**b**）、さらに混ぜる。
3. **2**を**1**に加えてゴムべらでよく混ぜ合わせる（**c**）。
4. 型に流し入れ（**d**）、ヘーゼルナッツを散らして天板にのせ、170℃のオーブンで30〜35分焼く。竹串を刺してみて何もついてこなければ焼き上がり。
5. 型からはずして粗熱を取り、オーブンシートをはずす。

あんこクリームの
ショートケーキ

ヴィーガンクリームとあずきあんを混ぜたあんこクリームが美味。
手軽に作れる直径12cmの少人数食べきりサイズです。

材料 (直径12cmの丸型1台分)

A
- 米粉 … 100g
- アーモンドパウダー … 50g
- 片栗粉 … 30g
- てんさい糖 … 50g
- ベーキングパウダー … 小さじ1½
- 塩 … ひとつまみ

B
- 米油 … 大さじ3
- メープルシロップ … 大さじ2
- 豆乳 (成分無調整) … 120mℓ

C
- あずきあん (p.6参照) … 400g
- ヴィーガンクリーム (p.66参照) … 250g

ヴィーガンクリーム (p.66参照) … 適量
くるみ (ローストしたもの*)、きんかん、
　きんかんの皮のすりおろし … 各適量

*130℃のオーブンで10分焼く。

下準備
・型にオーブンシートを敷き込む。
・オーブンは170℃に予熱する。

1. ボウルにAを入れてゴムべらで均一に混ぜる。
2. 別のボウルにBを入れて泡立て器でよく混ぜ、1に加えてゴムべらでなめらかになるまでよく混ぜ合わせる。
3. 型に流し入れ(a)、天板にのせて170℃のオーブンで30〜35分焼く。粗熱が取れたら型からはずし、冷ます(b)。
4. Cはボウルに入れて混ぜておく。
5. 3の上面を薄く切り取って平らにし、3等分の厚さに切る。4をぬりながら段々に重ね(c)、上面と側面にもぬる(d)。ヴィーガンクリームをスプーンですくって飾り、刻んだくるみとくし形に切ったきんかんを置き、きんかんの皮のすりおろしを散らす。

a

b

c

d

あんこのエンガディナー風

ザクッとした生地の中は、くるみ入りのデーツあんこ。
コクがあって重量感のある味わいが魅力です。

材料（20cm長さのもの1台分）

A│ 米粉 … 90g
　│ 片栗粉 … 15g
　│ アーモンドパウダー … 45g
　│ てんさい糖 … 15g
　│ 塩 … ひとつまみ

B│ ココナッツオイル … 大さじ3
　│ メープルシロップ … 大さじ1½
　│ 豆乳（成分無調整）… 大さじ1½

C│ デーツあんこ（p.7参照）… 200g
　│ くるみ（ローストしたもの*）… 30g

*130℃のオーブンで10分焼く。

下準備
・オーブンは170℃に予熱する。

1. **C**は混ぜておく。
2. ボウルに**A**を入れてゴムべらで均一に混ぜる。
3. 別のボウルに**B**を入れて泡立て器でよく混ぜ、**2**に加えてゴムべらでさっくりと合わせ、手で混ぜてひとつにまとめる。
4. **3**をオーブンシートの上に移し、めん棒で20×15cmにのばす(**a**)。
5. 真ん中に**C**をのせて左右の幅に合わせて整え(**b**)、上下の生地をかぶせて包み込むようにする(**c**)。生地どうしをくっつけて長方形に整え、ラップをして冷蔵庫で30分ほど冷やす。
6. ラップをはずし、8等分に切り分け(**d**)、オーブンシートを敷いた天板に並べる。170℃のオーブンで15分焼き、160℃に下げて10分ほど焼く。

a

b

c

d

あずきあん

あんこの蒸しケーキ

あんこ入りの生地をスクエア型に入れて蒸し上げた、
やさしい食感のケーキ。直径15cmの丸型でも同様に作れます。

材料（15×15cmのスクエア型1台分）

A | 米粉 … 100g
　| 片栗粉 … 20g
　| てんさい糖 … 25g
　| ベーキングパウダー … 小さじ1
　| 重曹 … 小さじ1/3
　| シナモンパウダー … 小さじ1/2
　| 塩 … ひとつまみ
B | 豆乳（成分無調整）… 120mℓ
　| あずきあん（p.6参照）… 100g
　| 米油 … 大さじ1

下準備
・型にオーブンシートを敷き込む。

1. ボウルにAを入れてゴムべらで均一に混ぜる（a）。
2. 別のボウルにBを入れて泡立て器でよく混ぜ、1に加えてゴムべらでよく混ぜ合わせる（b）。
3. 型に2を流し入れ（c）、表面をならす。
4. 蒸気の上がった蒸し器に入れ、30分ほど蒸す。竹串を刺してみて何もついてこなければ蒸し上がり。
5. 型からはずして粗熱を取り、オーブンシートをはずす。

あずきあん

あんドーナツ

米粉と豆腐を使ったドーナツは表面はサクッ、中はしっとり。
具とのなじみもよく、あずきあんのおいしさが際立ちます。

材料（4個分）
A ｜ 米粉 … 80g
　｜ 片栗粉 … 20g
　｜ てんさい糖 … 30g
　｜ ベーキングパウダー … 小さじ1
　｜ 塩 … ひとつまみ
絹ごし豆腐 … 90～100g
あずきあん（p.6参照）… 120g
揚げ油（米油）… 適量
てんさいグラニュー糖 … 適量

1. ボウルに**A**を入れてゴムべらで均一に混ぜ、豆腐を加え(**a**)、手で混ぜてひとつにまとめる(**b**)。まとまりづらかったら豆腐または豆乳などの水分（分量外）を足し、だれない程度のかたさにする。
2. 4等分にして薄く丸く広げ、あんこを30gずつのせて包み込み(**c**)、生地どうしをくっつけて丸く形を整える。
3. 揚げ油を170℃に熱して**2**を入れ、色づいてきたらときどき返しながら(**d**)、5～6分かけてきつね色に揚げる。
4. 油をきり、熱いうちにてんさいグラニュー糖をまぶす。

a

b

c

d

あずきあん

あんバタートースト

あんことヴィーガンバターの取り合わせが最高。
バターは多めに作っておくと、いつでもすぐに使えて便利です。

材料（1枚分）
米粉食パン … 1枚
あずきあん（p.6参照）… 適量
ヴィーガンバター（作りやすい分量）
　ココナッツオイル（無香タイプ）… 100g
　オリーブオイル … 40g
　豆乳ヨーグルト … 70g
　塩 … 小さじ1/2

1. ヴィーガンバターを作る。計量カップなどにすべての材料を入れ、ハンドブレンダーで乳化するまでよく混ぜ合わせる（**a**）。
2. 容器に流し入れ（**b**）、冷蔵庫で冷やしてかためる（**c**）。
3. パンにあんこをたっぷりとぬり、オーブントースターで温める。
4. 温かいうちにヴィーガンバター適量をのせる（**d**）。

あんこサンド

あずきあん＋ピーナッツバターは、新しいおいしさ。
ヴィーガンクリームとともに、
あふれんばかりにはさみます。

材料（4個分）
米粉丸パン（直径7〜8cmのもの）…4個
ピーナッツあん（作りやすい分量）
　あずきあん（p.6参照）…200g
　ピーナッツバター（無糖、チャンク）…小さじ4
ヴィーガンクリーム（p.66参照）…適量

1. ピーナッツあんの材料を混ぜ合わせる（**a**）。ここで使うのは120g。
2. パンに**1**を30gずつはさみ、ヴィーガンクリームを星形口金をつけた絞り袋に入れて絞り出す（**b**）。

あんころ餅

やわらかくゆでた玄米餅に、
あずきあんをたっぷりと絡めます。
刻んだくるみを入れてもOK。
白米餅でも同様に作れます。

材料（2人分）
玄米餅 … 4切れ
あずきあん (p.6参照) … 適量

1. ボウルにあんこを入れておく。
2. 鍋にたっぷりの湯を沸かし、玄米餅を入れ、やわらかくなるまでゆでる。
3. ゆで汁をきって熱いうちに1のボウルに入れ、全体に絡める。

あずきあん

あずきあん

三色おはぎ

あずきあん、白あん、レンズ豆あんを作ったら、おはぎに挑戦。
炊いたもち米にてんさい糖を少し加えてつくと、おいしさ倍増です。

材料（10〜11個分）
もち米 … 1合
てんさい糖 … 5g
あずきあん、白あん、レンズ豆あん
　（p.6〜9参照）… 合わせて500〜550g
きな粉、くこの実 … 各適量

1. もち米は洗ってザルに上げ、20〜30分おいて水気をきる。炊飯器に入れ、おこわ用の目盛りまで（もしくは白米を炊くよりやや少なめ）、水を注いで炊く。
2. 炊き上がったらボウルにあけ、熱いうちにてんさい糖を加え、すりこぎで少しつく（**a**）。10〜11等分にし、それぞれ手に水をつけて丸める（**b**）。
3. あんこは50gずつに分ける。
4. ラップにあんこをのせて広げ、**2**をのせて包み（**c**）、形を整える。
5. 器に盛り、あずきあんにはきな粉をふり、レンズ豆あんにはくこの実をのせる。

あずきあん

どら焼き

ラムレーズンを加えたあんこは、香りがよくって大人の味わい。
ワンランク上のおいしさだから、
手土産などにもおすすめです。

材料（3個分）

A
- 米粉 … 50g
- てんさい糖 … 15g
- ベーキングパウダー … 小さじ¾
- 重曹 … 小さじ⅛

B
- 豆乳（成分無調整）… 50mℓ
- 米油 … 小さじ1
- 酢 … 小さじ½
- 米飴 … 大さじ½

米油 … 適量

ラムレーズンあん（作りやすい分量）
- レーズン … 40g
- てんさい糖 … 20g
- 水 … 20mℓ
- ラム酒 … 大さじ2
- あずきあん（p.6参照）… 200g

1. ラムレーズンあんに使うラムレーズンを作る。鍋にてんさい糖と分量の水を入れて火にかけて溶かし、冷めたらラム酒を加える。ボウルに移し、レーズンを入れ、充分に味がなじむまでおく（**a**）。
2. 別のボウルに**A**を入れてゴムべらで均一に混ぜる。
3. 別のボウルに**B**を入れて泡立て器でよく混ぜ、**2**に加えてゴムべらでよく混ぜ合わせる。
4. フライパンをよく熱して米油をなじませ、一度フライパンを火から下ろして温度を下げ、**3**を大さじ1ほど丸く流し入れる（**b**）。プツプツとしてきたら裏返し（**c**）、30秒ほど焼く。同様にしてあと5枚焼く。焼けたものは乾かないように、ぬれ布巾やラップをかけておく。
5. ボウルにあんこを入れ、**1**のラムレーズンを軽く汁気をきって加えて混ぜる（**d**）。
6. **4**の皮を2枚一組にし、1枚に**5**のラムレーズンあん40gをのせ、もう1枚ではさむ。同様にしてあと2組作る。

a

b

c

d

あずきあん

串団子

白玉をちょっと香ばしく焼いて、ごま団子に仕立てます。
竹串に刺すとそれだけでおいしそう。何個ずつ刺すかはお好みで。

材料（4本分）
白玉粉 … 50g
米粉 … 50g
水 … 80ml
黒ごまあん（作りやすい分量）
　あずきあん（p.6参照）… 200g
　黒ごまペースト … 大さじ1
松の実（ローストしたもの*）… 適量
*130℃のオーブンで10分焼く。

1. 黒ごまあんの材料を混ぜ合わせる（a）。ここで使うのは120g。
2. ボウルに白玉粉と米粉を入れて混ぜ、分量の水を少しずつ加えて手で耳たぶくらいのかたさにこねる。12等分にし、それぞれ丸める。
3. 鍋にたっぷりの湯を沸かし、2を入れ、浮いてきたら1分ほどゆで、冷水にとる（b）。水気をきって竹串に3個ずつ刺す。
4. フライパンまたは焼き網を熱し、3を並べてのせ（c）、少し焼き色がつくまで焼く。
5. 器に盛り、黒ごまあんをのせ（d）、刻んだ松の実を散らす。

あずきあん

いきなり団子

さつまいもとあんこを団子生地で包んで蒸した、
素朴なおやつ。
アツアツのあずきあんがおいしいから、
蒸したてをどうぞ。

材料（6個分）
白玉粉 … 40g
米粉 … 40g
てんさい糖 … 小さじ2
水 … 大さじ4
さつまいも（直径5cmくらいのもの）… 6cm
あずきあん（p.6参照）… 120g

下準備
・グラシンペーパーを6cm四方に切ったものを6枚用意する。

1. さつまいもは皮ごとよく洗って1cm厚さの輪切りにし、あんこを6等分にして上にのせてくっつけておく（a）。
2. ボウルに白玉粉、米粉、てんさい糖を入れて混ぜ、分量の水を加えて手でよくなじませ、ひとつにまとめる（b）。
3. 2を6等分にしてそれぞれ丸め、ラップではさみ、めん棒で直径10cmくらいに薄くのばす（c）。
4. 3を1にかぶせ、ひっくり返して片面と側面を覆うように包み（d）、1個ずつグラシンペーパーにのせる。
5. 蒸気の上がった蒸し器に入れ、20分ほど蒸す。竹串を刺してみてさつまいもにスッと通れば蒸し上がり。グラシンペーパーをはずす。

あずきあん

八つ橋

米粉と白玉粉で作った八つ橋は、はんなりやわらか。
シナモンを効かせて仕上げるのが、おいしさのポイントです。

材料（6個分）
米粉 … 20g
白玉粉 … 30g
てんさい糖 … 20g
シナモンパウダー … 小さじ¼
水 … 70㎖
きな粉 … 適量
あずきあん（p.6参照）… 90g

1. ボウルに米粉、白玉粉、てんさい糖、シナモンパウダーを入れて混ぜ、分量の水を加えてよく溶かす。ゴムべらで漉しながら鍋に入れる（**a**）。
2. 混ぜながら中火にかけ、かたまってきたら火から下ろし、よく混ぜ合わせる。
3. 再び中火にかけて2〜3分練り、火から下ろし、ツヤが出るまでよく練る（**b**）。
4. まな板などにきな粉を多めにのせて広げ、その上に**3**をのせ、上からもきな粉をまぶしてざっと正方形にし、めん棒で15cm四方にのばす（**c**）。
5. 縁を切り、きれいな長方形になるように6等分に切り分ける。それぞれあんこを15gずつのせて半分に折りたたむ（**d**）。

白玉揚げ団子

白玉団子はゆでることが多いですが、揚げてもおいしい。
表面はサクッ、中はもっちり、あんことのバランスが絶妙です。

材料（8個分）
A ｜ 白玉粉 … 60g
　｜ てんさい糖 … 5g
　｜ 水 … 大さじ3〜4
あずきあん（p.6参照）… 80g
揚げ油（米油）… 適量
きな粉 … 適量

1. ボウルに**A**の白玉粉とてんさい糖を入れて混ぜ、分量の水を少しずつ加えて手で耳たぶくらいのかたさにこねる（**a**）。
2. **1**を8等分にし、あんこも8等分にする（**b**）。
3. **2**の生地を丸めて少しつぶし、縁を薄くし、真ん中にあんこをのせて、縁を内側に寄せるように包む（**c**）。
4. 揚げ油を低温に熱し、**3**を入れ、色づいてふくらむまで、3〜4分かけてじっくりと揚げる（**d**）。火が通ると油がはねることがあるので注意。
5. 器に盛り、きな粉をかける。

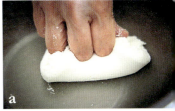
a

b

c

d

あずきあん

あんこ寒 抹茶ソース

あずきあんがあると、すぐにあんこ寒＝水ようかんができるのがうれしい。
ここでは抹茶ソースを添えます。白あんでもレンズ豆あんでも同様に。

材料（12×14cmの流し缶1台分）
あずきあん（p.6参照）… 300g
水 … 250mℓ
粉寒天 … 小さじ½
抹茶ソース
　抹茶 … 小さじ1
　湯 … 小さじ2
　てんさい糖 … 大さじ1
　豆乳（成分無調整）… 20mℓ

1. 鍋に分量の水と粉寒天を入れて弱めの中火にかけ、寒天を煮溶かす。
2. **1**にあんこを加えて混ぜ、好みで、てんさい糖や米飴（各分量外）を足し、1〜2分煮る（**a**）。
3. 流し缶をさっとぬらし、**2**を流し入れる（**b**）。粗熱が取れたら、冷蔵庫で冷やしかためる。
4. 抹茶ソースを作る。ボウルに抹茶と湯を入れて混ぜて溶かし、てんさい糖、豆乳を加えて混ぜる。ダマがあるようならザルなどでこす。
5. **3**を流し缶からはずし、6等分に切り分ける（**c**）。器に盛って抹茶ソースをかける。

あずきあん

あんこといちごのかき氷

あずきあん、いちごシロップ。
テイストの違うふたつの甘さで食べる夏の定番。
いちごは冷凍品を使うから手軽です。

材料（作りやすい分量）
あずきあん（p.6参照）… 適量
いちごシロップ
　冷凍いちご … 100g
　てんさい糖 … 30g
　メープルシロップ … 大さじ2
ココナッツミルク … 適量
氷 … 適量

1. いちごシロップを作る。いちごは4等分に切り、てんさい糖、メープルシロップとともに鍋に入れ、中火にかける。フツフツしてきたら弱火にして1〜2分煮つめる。粗熱が取れたら冷蔵庫で冷やす。
2. あんこはボウルに入れ、水適量を加えて少しのばす。
3. 器に氷をかいて山盛りにし、あんこをのせ、いちごシロップと練乳をかける。

あずきバー

あずきあんに豆乳を加えて凍らせるから、
あずきミルクのような味わい。
アイスバー型とアイスキャンディ棒で作ります。

材料（2本分）
あずきあん（p.6参照）… 100g
豆乳（成分無調整）… 50㎖
てんさい糖 … 大さじ2
ココナッツミルク … 大さじ1

1. ボウルにすべての材料を入れて混ぜ合わせ、型に入れ、アイスキャンディ棒を刺し、冷凍庫で冷やしかためる。
2. 食べるときに型から取り出す。

あずきあん

甘酒ドリンク

甘酒、あずきあん、豆乳を同割で混ぜ合わせるだけ。
冷たくしても温めてもOK。
毎日飲みたくなるおいしさです。

材料（1人分）
甘酒 … 大さじ3
あずきあん (p.6参照) … 大さじ3
豆乳（成分無調整）… 大さじ3

1. グラスにすべての材料を入れて混ぜ合わせる。同割が基本だが、甘酒によって甘さが違うので、自分好みに調整する。

あんこと酒粕のお汁粉

あずきと酒粕でほどよい甘さ、
味つけはほかに一切なし。
つるんとした白玉を入れると愛らしくなります。

材料(1人分)
あずきあん (p.6参照) … 100g
水 … 50㎖
酒粕 … 小さじ1〜2
白玉 (作りやすい分量)
 白玉粉 … 20g
 水 … 20〜30㎖

1. 白玉を作る。ボウルに白玉粉を入れ、分量の水を少しずつ加えて手で耳たぶくらいのかたさにこねる。小さめのひと口大に丸め、真ん中をくぼませる。
2. 鍋にたっぷりの湯を沸かして**1**を入れ、浮いてきたら30秒ほどゆでて冷水にとり、水気をきる。
3. 鍋に分量の水と酒粕を入れて酒粕を溶かし、あんこを加え、中火で温める。器に注ぎ入れ、白玉をのせる。

あずきあん

Column
あんこ作りに、こんな甘みも使えます

この本ではあんこを作るとき、まろやかな甘さのてんさい糖を使っていますが、ほかの砂糖や甘みを使ってみるのも楽しいもの。
使う甘みによってあんこの味わいが変わってきます。
レシピの分量を目安に量を調整して使ってください。

1. 黒糖
豊かなコクがあり、砂糖きびの風味が強い個性的な砂糖。単に甘みをつけるという理由よりも、黒糖の風味と味と色を楽しむために使います。

2. ココナッツシュガー
ココナッツの実ではなく、花蜜を煮つめて作られているので、ココナッツの甘い香りや味ではありません。まろやかでやさしい甘さで、ミネラルが豊富。

3. メープルシロップ
メープルの樹液から作られる、着色料や添加物を含まない天然の甘味料。後味がすっきりとしているのが特徴。液体なのでほかの材料にむらなく混ざります。

4. 米飴
米飴は米やうるち米、もち米などに含まれるデンプンを糖化することで作られる甘味料。とろっとしていて、米の香ばしさが感じられるやさしい甘さ。

5. レーズン
レーズンはそのまま食べてもかなり甘いので、あんこの甘みとしても活用できます。てんさい糖の量を半分に減らし、その分レーズンを加えます。

6. デーツ
デーツとはナツメヤシの実のことで、干し柿のような濃厚でコクのある味わい。てんさい糖の代わりに入れます。デーツあんこの作り方は p.7 参照。

2

白あんのお菓子

白いんげん豆で作る白あんは、豆そのもののホクホク感と
ほどよい甘さ、なめらかさが味わえるのが魅力。
タルトやケーキのフィリングに使っても自然になじみ、
コーヒーや紅茶にも合うオリエンタルなお菓子になります。
きんつば、大福などは、あずきあんとはまた違うおいしさに。

白あん

白あんといちごの
型なしタルト

香ばしい米粉生地、アーモンドクリーム、
白あん、クリームの4つの層でおいしさ全開。
いちごをランダムにのせて
華やかさを演出します。

材料（直径約16cmの丸形1台分）

- **A**
  - 米粉 … 60g
  - アーモンドパウダー … 25g
  - 片栗粉 … 10g
  - てんさい糖 … 10g
  - 塩 … ひとつまみ
- **B**
  - ココナッツオイル … 大さじ2
  - メープルシロップ … 大さじ1½
  - 豆乳（成分無調整）… 大さじ1½
- **C**
  - アーモンドパウダー … 30g
  - 片栗粉 … 10g
  - てんさい糖 … 10g
  - ベーキングパウダー … 小さじ¼
  - 塩 … ひとつまみ
- **D**
  - ココナッツオイル … 大さじ1
  - メープルシロップ … 大さじ½
  - 豆乳（成分無調整）… 大さじ1

白あん（p.8参照）… 120g
ヴィーガンクリーム（p.66参照）… 100g
いちご … 8〜10粒

下準備
・オーブンは180℃に予熱する。

1. ボウルに**A**を入れてゴムべらで均一に混ぜる。
2. 別のボウルに**B**を入れて泡立て器でよく混ぜ、少し残して**1**に加え、ゴムべらで切るように混ぜ、手で混ぜながらひとつにまとめる。まとまりづらければ、残した**B**や豆乳（分量外）を入れてまとめる。
3. オーブンシートの上にのせ、直径18cmほどに丸くのばす。
4. ボウルに**C**を入れてゴムべらで均一に混ぜる。
5. 別のボウルに**D**を入れて泡立て器でよく混ぜ、**4**に加えてゴムべらでよく混ぜ合わせる。
6. **3**の生地の縁3cmほどを残して**5**を平らにのせ（**a**）、縁を内側に折り込む（**b**）。180℃のオーブンで20〜25分焼く。
7. 冷めたらあんこをたっぷりとのせ、その上にヴィーガンクリームをのせる（**c**）。へたを取って2〜4つ割りにしたいちごを飾る。

白あん

白あんとココアのクランブルケーキ

ココア生地の上に白あんとクランブルをのせて焼き上げます。
クランブルのサクサクッとした食感で飽きのこないおいしさに。

材料（15×15cmのスクエア型1台分）

A
- 米粉 … 100g
- アーモンドパウダー … 60g
- 片栗粉 … 20g
- ココアパウダー … 30g
- てんさい糖 … 40g
- ベーキングパウダー … 小さじ1½
- 塩 … ひとつまみ

B
- 米油 … 大さじ3
- メープルシロップ … 大さじ2
- 豆乳（成分無調整）… 120mℓ

クランブル
- 米粉 … 30g
- アーモンドパウダー … 15g
- てんさい糖 … 15g
- 米油 … 大さじ2

白あん（p.8参照）… 120g

下準備
- 型にオーブンシートを敷き込む。
- オーブンは170℃に予熱する。

1. クランブルを作る。ボウルに米油以外の材料を入れて手で混ぜ、米油⅔量を加えながら油を散らすように指先でぐるぐると混ぜ、少しずつポロポロの状態にしていく（**a**）。様子をみて残りの米油を加え、そぼろ状にする。
2. 別のボウルに**A**を入れてゴムべらで均一に混ぜる。
3. 別のボウルに**B**を入れて泡立て器でよく混ぜ、2に加えてゴムべらでよく混ぜ合わせる。
4. 型に流し入れ（**b**）、あんこを全体にのせ（**c**）、その上からクランブルをまんべんなくのせる（**d**）。
5. 天板にのせ、170℃のオーブンで30～40分焼く。型からはずして粗熱を取り、オーブンシートをはずす。

a

b

c

d

白あん

あんず入り大福

生地を作るときは、すりこぎでしっかりつくと
粉っぽさがなくなります。
ここでは白あん、あずきあん、
2種類の大福を楽しみます。

材料（4個分）

A ｜ 白玉粉 … 100g
　｜ てんさい糖 … 20g
　｜ 水 … 120㎖
　｜ 片栗粉 … 適量

ドライあんず … 4個
てんさい糖 … 25g
水 … 50㎖
片栗粉 … 適量
白あん（p.8参照）… 100g
あずきあん（p.6参照）… 100g
麻の実、ほうじ茶パウダー＊ … 各適量

＊ほうじ茶をすり鉢などですったもの。
市販のほうじ茶パウダーを使っても。

1. ドライあんずは湯につけて少しやわらかくもどす。小鍋にてんさい糖と分量の水を入れて煮立て、火を止めて、水気をきったドライあんずを入れ、あんずがやわらかくなるまでなじませる。そのまま冷まし、汁気をきる。
2. 白あんとあずきあんをそれぞれ50gずつにし、1のあんずを包むようにして丸めておく（**a**）。
3. ボウルに**A**を入れてゴムべらで混ぜ、蒸気の上がった蒸し器に入れて10分ほど蒸す。
4. 3を取り出し、すりこぎを水につけながら天地が返る程度につき、全体をまとめる（**b**）。再び蒸気の上がった蒸し器に入れ、10〜15分蒸す。
5. バットに片栗粉をたっぷりと入れ、4をのせて四角く広げ（**c**）、上からも片栗粉をかけて平らに広げる。スケッパーやナイフなどで4等分にする。
6. 5の生地を手で少しのばし、2をのせてナイフなどでしっかりと包み込み（**d**）、生地をつまんでくっつけて形を整える。器に盛り、白あんには麻の実、あずきあんにはほうじ茶パウダーをふる。

きんつば

手作りの白あんで作るきんつばは、上品な味わい。
あんこを包む皮は米粉を使ってあっさりと。形は三角でも四角でもOK。

材料（12×14cmの流し缶1台分）

A ｜ 白あん (p.8参照) … 300g
　｜ 水 … 100mℓ
　｜ 粉寒天 … 小さじ1
B ｜ 米粉 … 50g
　｜ 水 … 60mℓ
米油 … 少々
ゆずの皮のすりおろし … 適量

1. 鍋に**A**の水を入れ、粉寒天をふり入れて中火にかけ、沸騰したら弱火にし、1分ほど温めて溶かす。あんこを加え(**a**)、よく混ぜてなじませ、さらに1分ほど温める。
2. 流し缶をさっとぬらし、**1**を入れ(**b**)、粗熱が取れたら冷蔵庫で冷やしかためる。
3. 流し缶からはずし、縦横4等分に切り、さらに対角線に切って三角形にする(**c**)。
4. ボウルに**B**を入れて混ぜ合わせる。
5. フライパンを弱火にかけ、米油を入れてなじませる。**3**を手で持ち、**4**を1面ずつつけ(**d**)、その都度、フライパンに入れて焦げないように30秒ほど焼く。広い面を両面焼いてから側面も同様にして焼くとよい。
6. 器に盛り、ゆずの皮のすりおろしを散らす。

a

b

c

d

白あん

葛まんじゅう

白あんのおいしさを葛で包んだ、ぷるんとした食感の夏のお菓子。
葛には黒糖を加え、しっかりと練り上げるのがポイント。

材料（4個分）
白あん（p.8参照）… 80g
葛粉 … 30g
黒糖（細かいタイプ）… 35g
水 … 200ml

1. あんこは20gずつにし、丸めておく。
2. 小さめの容器4個にそれぞれラップを敷いておく。
3. ボウルに葛粉、黒糖、分量の水を入れてゴムべらでよく混ぜて溶かす（**a**）。
4. ザルでこして鍋に入れ、中火にかけ、ゴムべらで混ぜながら火を通す。粘りが出てきたら少し火を弱くして、葛が透明になるまで2～3分練る（**b**）。
5. **2**のラップの上に**4**の葛を1/8量ずつ入れ、**1**をのせ、葛の1/8量をのせる（**c**）。ラップを持ち上げてあんこを包み込むようにして茶巾に包み（**d**）、指でキュッと閉じ、輪ゴムで留める。同様にしてあと3個包む。
6. 氷水や冷水の入ったボウルに入れ、冷やしかためる。食べるときにラップをはずして器に盛る。

a

b

c

d

白あん

フルーツあんみつ

シンプルで透明な寒天と白あん、黒みつ、
フルーツを取り合わせた人気の定番。
フルーツは、いちご、マスカット、
巨峰などもおすすめ。

材料(作りやすい分量)
水 … 300ml
粉寒天 … 小さじ½強
黒みつ (作りやすい分量)
　黒糖 … 50g
　水 … 50ml
桃 … ¼個
プラム … ½個
白あん (p.8参照) … 適量

1. 寒天を作る。鍋に分量の水と粉寒天を入れて中火にかけ、沸騰したら弱火にして2〜3分煮る。バットに流し入れ(**a**)、粗熱が取れたら冷蔵庫で冷やしかためる。
2. 黒みつを作る。鍋に黒糖、分量の水を入れて弱火にかけ、鍋底に線が描けるくらいまで煮つめる(**b**)。
3. 桃は皮をむき、プラムは皮つきのまま、それぞれ種を除いて薄いくし形に切る。
4. **1**の寒天がかたまったら、包丁を差し込んで1.5cm幅に切り、バットの向きを90度変えて1.5cm幅に切る(**c**)。これで角切りになる。
5. **4**をゴムべらなどですくって(**d**)器に入れ、**3**のフルーツ、あんこをのせる。黒みつをかけて食べる。

a

b

c

d

白あん

白あんのチェー

豆の甘さとフルーツのフレッシュ感を一緒に楽しむベトナムスイーツ。
フルーツは色の違うものを2種以上用意。レンズ豆あんを加えても。

材料（2個分）
白あん (p.8参照) … 適量
すいか … 50g
マンゴー … 40g
かき氷 … 適量
ココナッツミルク … 適量

1. すいかはひと口大に切り、できるだけ種を除く。マンゴーも同じ程度の大きさに切る（a）。
2. グラス2個にそれぞれあんこを入れ（b）、すいか、マンゴーを順に加え、さらにあんこをのせる（c）。
3. かき氷をのせ、ココナッツミルクをかける（d）。かき氷の量は好みでOK。

Column　ヴィーガンクリームとあんこ、よく合います

ヴィーガンクリームは豆腐をベースにして作るクリーミーで甘いクリーム。
豆腐も大豆が原料だからか、豆から作る「あんこ」とも相性が2重丸。
生クリームのようにあんこのお菓子に使うと、華やかになります。

材料（作りやすい分量）
木綿豆腐 … 1丁
バニラビーンズ … 2cmくらい
メープルシロップ … 大さじ3〜4
塩 … ひとつまみ
豆乳（成分無調整） … 大さじ1〜2

1
豆腐を水きりする。鍋に湯を沸かして豆腐を入れ、豆腐が少し揺れるくらいの火加減で5分ほどゆでる。

2
ボウルの上にザルを置き、豆腐をのせて水気をきる。

3
ペーパータオルではさみ、重し（豆や砂糖など1kg程度）をのせ、30分〜1時間水きりする。

4
重しを取るとこんな感じ。豆腐の重さの1〜2割ほど水きりができていればよい。

5
手でざっくずして計量カップなどに入れ、バニラビーンズの種をさやからこそげ出して加え、メープルシロップ、塩を加える。

6
豆乳大さじ1を加え、ハンドブレンダーで攪拌する。様子をみて残りの豆乳を加え、なめらかなクリーム状にする。

7
保存容器に移し、バニラのさやも入れておく。冷蔵庫で4〜5日おいしく食べられる。

3

レンズ豆あんのお菓子

あずき、白いんげん豆のほか、私がよく作るあんこに
レンズ豆あんがあります。レンズ豆は小粒で平べったく、
一晩水につけておかなくてもいいので、とっても手軽。
私の十八番の米粉マフィンや米粉クッキーに使うほか、
アジアのお菓子がすぐに作れるのがうれしい。

レンズ豆あん

レンズ豆あんのマフィン

オイルと豆乳で作る、ヴィーガンマフィン。
レンズ豆あんをたっぷり入れてボリューム満点に仕上げます。

材料（直径7.5×高さ4cmのマフィン型6個分）

- **A**
  - 米粉 … 180g
  - アーモンドパウダー … 65g
  - 片栗粉 … 45g
  - てんさい糖 … 60g
  - ベーキングパウダー … 小さじ2
  - 塩 … ひとつまみ
- **B**
  - 米油 … 大さじ4½
  - ピーナッツバター（無糖、チャンク）… 大さじ3
  - メープルシロップ … 大さじ3
  - レモン果汁 … 大さじ1½
  - 豆乳（成分無調整）… 180mℓ
- レンズ豆あん（p.9参照）… 120g
- トッピング用
  - レンズ豆あん、ピーナッツ（半割りにしたもの）…各適量

下準備

・マフィン型に紙カップを入れる。
・オーブンは170℃に予熱する。

1. ボウルに**A**を入れてゴムべらで均一に混ぜる。
2. 別のボウルに**B**を入れて泡立て器でよく混ぜ、**1**に加え（**a**）、ゴムべらでよく混ぜ合わせる（**b**）。
3. 型に生地の半量を入れ、あんこを20gずつ入れて、残りの生地をのせる（**c**）。
4. 上にトッピング用のあんことピーナッツをのせる（**d**）。天板にのせ、170℃のオーブンで30分ほど焼く。
5. 粗熱が取れたら型からはずし、冷ます。

レンズ豆あん

レンズ豆あんのクッキー

レンズ豆あんをたっぷり入れた、ザクッとした米粉クッキー。
手でまとめて焼くだけだから、思い立ったらすぐに作れます。

材料（9個分）

A | 米粉 … 70g
　| アーモンドパウダー … 50g
　| 片栗粉 … 10g
　| てんさい糖 … 20g
　| 塩 … ひとつまみ

B | 米油 … 大さじ3½
　| 豆乳（成分無調整）… 大さじ2½

レンズ豆あん（p.9参照）… 180g
アーモンドスライス … 適量

下準備
・オーブンは160℃に予熱する。

1. あんこは9等分にして丸めておく（a）。
2. ボウルに**A**を入れてゴムべらで均一に混ぜる。
3. 別のボウルに**B**を入れて泡立て器でよく混ぜ、**2**に加えてゴムべらで混ぜ、しっかりとなじませてひとつにまとめる。
4. **3**の生地を9等分にし、軽くまとめて薄く丸く広げ、**1**のあんこをのせて包むような感じでまとめる（b）。まとめた口のほうを下にしてオーブンシートを敷いた天板にのせる。
5. 手で軽く押さえて平らにし、アーモンドスライスをのせて軽く押さえる（c）。このとき、生地からあんこが見えてもかまわない。160℃のオーブンで15分焼き、150℃に下げて10分焼く。

a

b

c

レンズ豆あん

ふんわり半月焼き

手で持つとふんわり、食べるとしっとり。手作りあんこのおいしさが
際立つのが魅力。まだ温かい生地にあんこをはさんで食べてもおいしい！

材料（8個分）
絹ごし豆腐 … 120g
豆乳（成分無調整）… 大さじ1
A｜米粉 … 60g
　｜片栗粉 … 20g
　｜てんさい糖 … 20g
　｜ベーキングパウダー … 小さじ½
　｜重曹 … 小さじ⅛
　｜塩 … ひとつまみ
米油 … 少々
レンズ豆あん（p.9参照）… 120g
白あん（p.8参照）… 120g

1. ボウルに絹ごし豆腐、豆乳を入れ、泡立て器でなめらかになるまでよく混ぜる。
2. 別のボウルに **A** を入れてゴムべらでよく混ぜ、**1** に加えてよく混ぜる。
3. フライパンをよく熱して米油をなじませ、一度フライパンを火から下ろして温度を下げ、**2** の⅛量を流し入れ（**a**）、直径7〜8cmに丸く広げる。強めの弱火で焼き、表面がフツフツとしてきたら裏返し（**b**）、30秒ほど焼く。
4. 取り出して半分に折りたたみ（**c**）、乾かないようにラップや布巾をかける（**d**）。同様にしてあと7枚焼く。
5. レンズ豆あん、白あんをそれぞれ30gずつ **4** の皮にはさむ。

黒ごまプリン あんこのせ

黒ごまペーストを入れた豆乳プリンに、あんことクリームをトッピング。
プリン生地は火にかける前によく混ぜておくと、なめらかに仕上がります。

材料（2個分）
黒ごまペースト … 大さじ1
メープルシロップ … 大さじ2
てんさい糖 … 大さじ1
豆乳（成分無調整）… 300mℓ
粉寒天 … 小さじ½
レンズ豆あん(p.9参照)… 適量
ヴィーガンクリーム(p.66参照)… 適量

1. 鍋に黒ごまペースト、メープルシロップ、てんさい糖を入れてゴムべらで混ぜる(a)。
2. 1に豆乳を少しずつ加えながら、溶きのばすように混ぜる(b)。むらがないようによく混ぜる。
3. 粉寒天をふり入れ(c)、中火にかけ、沸騰したら弱火にして1〜2分温める。
4. 3の鍋の底を氷水に当てて冷まし、粗熱が取れたら器に入れ、軽くラップをし、冷蔵庫で冷やしかためる。
5. あんこに水少々（分量外）を加えて少しのばし、4にのせ、ヴィーガンクリームを添える。

レンズ豆あん

レンズ豆あんの豆花

とろけるような食感の豆花、しょうがを効かせたシロップ、
レンズ豆あん。ほどよい甘さで体にやさしく、飽きないおいしさです。

材料（作りやすい分量）
豆乳（成分無調整）… 600mℓ
片栗粉 … 10g
粉寒天 … 小さじ1
シロップ
　水 … 150mℓ
　ココナッツシュガー … 40g
　しょうがの薄切り … 10g
レンズ豆あん（p.9参照）… 適量
柿 … 適量

1. 鍋に片栗粉、粉寒天を入れ、豆乳を適量入れてゴムべらでなじませ（**a**）、残りの豆乳も加えて混ぜる。
2. 混ぜながら中火にかけ（**b**）、とろみが出てきたら弱火にし、2分ほど温める。
3. ボウルに移し、ボウルの底を冷水や氷水に当てて混ぜながら粗熱を取り（**c**）、湯気が出なくなるまで冷ます。軽くラップをして冷蔵庫で冷やしかためる。
4. シロップを作る。鍋にすべての材料を入れて中火にかけ、沸騰したら弱火で5分煮る。火を止めて容器に移し、冷蔵庫で冷やす。
5. 3の豆花をスプーンなどですくって器に盛り（**d**）、あんこ、皮をむいて食べやすい大きさに切った柿をのせ、シロップをかける。

レンズ豆あん

78

アジア風お汁粉

レンズ豆あんとココナッツミルクを混ぜるだけで作れるのが魅力。
温かくして食べますが夏は冷やしてもOK。思いのほか、あっさり。

材料（2人分）
レンズ豆あん（p.9参照）…200g
ココナッツミルク…大さじ4
水 … 大さじ2
甘栗 … 適量
ココナッツチップ … 適量

1. 鍋にあんこ、ココナッツミルクを入れ（**a**）、中火にかけ、混ぜながら温める。様子をみながら、分量の水を加える（**b**）。
2. 甘栗を粗く切って加え（**c**）、ひと煮する（**d**）。
3. 器に注ぎ入れ、ココナッツチップを散らす。

デザイン　福間優子
撮影　木村 拓（東京料理写真）
校閲　山脇節子
編集　松原京子
　　　田中 薫（文化出版局）

材料協力：株式会社cotta
https://www.cotta.co.jp/

あんこと米粉のおやつ

2025年3月22日　第1刷発行

著　者　今井ようこ
発行者　清木孝悦
発行所　学校法人文化学園 文化出版局
　　　　〒151-8524　東京都渋谷区代々木3-22-1
　　　　電話 03-3299-2485（編集）
　　　　　　 03-3299-2540（営業）
印刷・製本所　株式会社文化カラー印刷

©Yoko Imai 2025　Printed in Japan
本書の写真、カット及び内容の無断転載を禁じます。

本書のコピー、スキャン、デジタル化等の無断複製は著作権法上での例外を除き、禁じられています。本書を代行業者等の第三者に依頼してスキャンやデジタル化することは、たとえ個人や家庭内での利用でも著作権法違反になります。

文化出版局のホームページ
https://books.bunka.ac.jp/

今井ようこ　Yoko Imai

製菓学校を卒業した後、（株）サザビーリーグに入社、アフタヌーンティー・ティールームの商品企画・開発を担当。その後、独立。現在は商品開発やメニュー開発、パンやケーキの受注を行うほか、マクロビオティックをベースにした料理教室「roof」主宰。著書に『Roofのごほうびクッキー』『豆腐、豆乳、豆乳ヨーグルトのおやつ』『体にやさしいクリームのおやつ』（すべて文化出版局）などがある。
https://www.roof-kitchen.jp/
Instagram@arameroof